これでわかる!
「秘密保全法」ほんとうのヒミツ

まえがき

「秘密保全法」を政府が準備していることは伝えられていましたが、通常国会に上程されるという話を聞いたのが、今年（２０１２年）の1月でした。

１９８５年に廃案になった「国家秘密法案」が国会に提出された時、私はまだ弁護士2年目でした。駆け出しの弁護士であった私は、当時在籍していた事務所のある三重県の「国家秘密法に反対する三重県連絡会」の事務局長として、全国の反対運動と歩調を合わせて懸命に闘いました。法案反対のための演劇を市民とともに作り上げ、四日市市で７００人を超える市民を集めた、その開演の日に、「廃案」となったことが報じられました。その後の弁護士人生にとって大きな影響を残した出来事でした。

「秘密保全法」と聞いてすぐに国家秘密法の再来だと感じました。私は、弁護士になって28年目になりますが、その体験からも「秘密保全法」を制定することは、この国の民主主義を根底から覆し、人権を根こそぎ奪うものとして、絶対に阻止しなければならないと信じます。その第一は、戦後補償事件である名古屋三菱朝鮮女子勤労挺身隊事件です。この事件の代理人として、朝鮮の戦前、戦後の歴史を学び、軍事独裁政権による人権侵害の実態と、スパイが政治的理由によってでっち上げられることを知りました。現在なお軍事国家による後遺症に苦しめられていること、それが民主化された韓国の直面する課題だということも学びました。そして、以前の国家秘密法反対運動の際、上田誠吉弁護士が戦前の軍機保護法や国防保安法の運用の実態を丹念に掘り起こし、どんな国になるのかを実例をもって示してくれたことも合わせて想像すれば、「秘密保全法」の制定によってこの国がどう変わるかを事実をもって示せるのではないかと思いました。２０１２年４月２日、危機感を抱く愛知の市民によって「秘密保全法に反対する愛知の会」を結成し、反対運動を続けていますが、過去の歴史に学び、隣国の経験に学ぶことによって、将来を想像できると、機会があればお話ししています。

このブックレットでは、現在の「秘密保全法」がどのような要請から制定されようとしているのか、この法律が今の日本をどこに導こうとしているのか、それを戦前の我が国の実態と韓国の体験を紹介することによって、事実をもって危険性をわかってもらおうと考えました。

「愛知の会」の結成準備から関わっていただいた近藤ゆり子さんから、秘密保全法の危険性を知らせるためにブックレットを出す必要があると持ちかけられたのが、出版のきっかけでした。ところが、二人で分担執筆をし、ほとんど完成間近になって近藤さんが健康を害されてしまいました。そのためやむなく最終的な加筆・補筆は私が行い、編集作業は編集部で行うことにしました。そのことをここに明記しておきます。

このブックレットが広く活用され、「秘密保全法」に反対する方が少しでも増えてくれることを願っています。

中谷　雄二

目次

プロローグ「秘密保全法」の危険な中身

●尖閣沖漁船衝突ビデオ流出事件とスパイ防止法

２０１１年８月、「情報保全の在り方に関する有識者会議」は、報告書「秘密保全のための法制の在り方について」（平成23年８月８日）を出し、その役目を終えた。これが現在、すぐにでも国会に上程されようとしている「秘密保全法」の骨子になるという。

そもそも「秘密保全法」とは、どのような法律なのか？

どんな秘密を保全するのか？

どうして、今、こんな法律を作る必要があるのだろうか？

２０１０年11月「尖閣沖漁船衝突ビデオ流出事件」があった。この事件が「もっとちゃんと国の秘密を守らなければならない。秘密保全法を作るべきだ」という話のきっかけになったと、巷に言われている。だが、次章で詳しく見るように、これは事実ではない。「秘密保全法」を作りたい勢力が、この情報流出事件をマスコミなどに大々的に喧伝させ、大いに使えるネタとして利用したと見るべきだ。

インターネットに流出した「尖閣沖漁船衝突ビデオ」

また、「秘密保全法」と聞いて、かつて国会で審議された「国家秘密法」(スパイ防止法)を思い出す人もいるだろう。「国家秘密法」は、1985年12月に国民各層の大反対をうけて結局廃案に追い込まれたが、こうした法律を作りたいと考える勢力はずっと存在し続け、機を狙い続けてきた。それが今、「報告書」という形で再び私たちの前に現れたのである。「秘密保全法」は、廃案になった国家秘密法よりさらに悪質である。この法律は、徹底的に不自由な国家・社会を作ろうとしている。

「報告書」の内容については次章で詳しく見ていくので、ここではかいつまんで「秘密保全法」がはらむ問題を以下に見てみよう。

●「特別秘密」とは

まず、「秘密保全法」が保全したい秘密として、「特別秘密」が指定されている。①国の安全 ②外交 ③公共の安全と秩序 の三分野のうち、「国の存立にとっての重要な情報」が対象となる。①と②は、国家秘密法にもあったものだが、③の「公共の安全と秩序」とは何だろう？ 「秩序維持のために秘密にする」というのは、一体どのような情報を指すのか。福島第一原子力発電所事故のときのSPEEDI情報隠しが頭に浮かんでしまう。「パニックを起こさないため」に隠したというが、それでは「秩序の維持のためには個々人の命は後回し」ということではないのか。

いずれにしても、「特別秘密」の範囲は漠然と広く、時の政権の都合次第で、何でも「特別秘密」になる可能性がある。

●「特定取得行為」と「人的管理」

特別秘密を知ろうとすることを「特定取得行為」という。特別秘密に関する情報に、不法な方法でアクセスすることは処罰の対象になる。実際には特別秘密にアクセスしなくても、それを共謀（一緒に計画する）、教唆（そそのかす）、扇動（「やろう！」と言う）も処罰されるという。

そもそも何が特別秘密かがわからない、どんなことが「不法なアクセス」なのかわからない。たとえば、国民にとって重要な情報を国が隠そうとしていると聞きつけた新聞記者が、チームをつくり、「この秘密を調べよう」「こんなことを隠していては国民のためにならない。明らかにした方がいいですよ」、「公表しよう」と言ったら、これで立派に共謀・教唆・扇動が成り立ちそうだ。何か秘密っぽいことは話題にもしないのが身の安全。知る権利なんて知るか、という社会が現出すると思うと恐ろしい。

また、今回の「秘密保全法」で、とりわけ強調されているのが「人的管理」である。これは、秘密を取り扱う人を徹底的に管理することで秘密を守る、ということ。そのために「適性評価制度」をつくり、その制度の下で「評価」を受けて（人物調査をして）、はじめて特別秘密を取り扱う者（「特別秘密取扱者」）になる。

さらに本来の対象者の「親しい人」も調べるという。本人に影響を与えるかもしれないからである。配偶者は当然に対象、親兄弟、恋人、友人……調査対象者はとめどもなく広がる。いつのまにか何の関係もないと思っていたアナタも「評価」の対象、というわけだ。

●「特定取得行為」と「人的管理」

そうして調べ上げられたプライバシー情報が、どう「評価」され、後にどう使われていくのかは、全くわからない。「あまり人に知られたくないことを『お上』に知られてしまっている」。そんな弱みをもつ人々が、社会にあふれることになる。そして、そういった情報がどのように保護されるのかもわからない。本来の目的以外に利用されることが、十分考えられる。

「特別秘密取扱者」になった人間も大変である。うっかりミスで情報を漏らせば重罰になる。家族に職場の近況を喋っただけでも処罰されるかもしれない。いつもヒヤヒヤ、うっかり家庭の団欒もできない。刑法上違法でないやり方で特別秘密を知ろうとしても「特定取得行為」とされるから、友人と酒を飲むのも考えものだ。下手をすると二人とも処罰されかねない。しょうがないから友人とは付き合わないことにするか……。

はてさて、こんなに窮屈になる秘密保全法、何のため、誰のために作るんだろう？　どんな内容で、どんなことが起こってくるのか？

1　「秘密保全法」とは何か？

●有識者会議とは何なのか？

冒頭で述べたように、政府は、２０１１年８月８日、「秘密保全のための法制の在り方に関する有識者会議」の「報告書」を発表した。

この「報告書」は、２０１１年１月、内閣官房長官を委員長に警察庁警備局長、公安調査庁次長、外務省国際情報統括官、海上保安庁警備救難監、防衛省防衛政策局長らを構成員としてつくられた、「政府における情報保全に関する検討委員会」から秘密保全法制のあり方についての意見を出すよう求められた有識者会議が、６回にわたる会議の末、出したものである。

いったい、この有識者会議はどのような人たちで構成されていたのだろう。有識者会議のメンバーは、行政学、行政法、憲法学、情報法制、刑事訴訟法を専攻する５人の学者だが、会議の議事録は作成されていない。議事要旨のみが公開されており、それをみると合計９時間半の議論がなされただけだ。

憲法学者と思われる委員から、

「報道の自由や取材の自由といった憲法上の問題を考慮することは必要であるが、法令上の制度を作る段階では考慮できることとできないことがあるため、実効性のある秘密保全のための制度を作った上で、最終的にはそれらの問題は解釈、運用に委ねざるを得ない面がある。」（第1回議事要旨）

という意見が出されていて、目を疑った。報道の自由、取材の自由を侵害する恐れがあると認めているのに、国民の知る権利に奉仕すべき取材活動が萎縮することには言及していない。特に、国の行く末に重大な影響を与えかねない秘密（例えば、かっての沖縄密約など）への取材活動が阻害されることについてはどう考えているのだろうか。およそ国民の人権を侵害するおそれのある法律を検討するにあたり、憲法学者という専門家の立場から参加している学者がこのような姿勢で良いのだろうか。ほとんど、責任放棄に近いという感じがする。

同じ委員と思われる発言で、第6回の議事要旨の末尾には、次のような発言がある。

「本法制は、その趣旨に従って運用されれば、国民の知る権利等との関係で問題を生じることはないが、運用を誤れば、国民の重要な権利利益を侵害するおそれがないとは言えないことから、政府は適正な運用に努め、国民はその運用を注視していくことが求められることは強調しておくべきである。」

「政府による濫用の恐れ」があり、「国民の重要な権利利益が侵害されるおそれはある」としながら、政府は「適正に運用するよう努め」ること、国民がその「運用を注視せよ」と言う。

これでは、いったい何のために専門家が参加しているのかわからない。濫用の恐れがあれば、それが生じないようにどうするのか。濫用を防ぐ制度的な仕組みはないのか。濫用の恐れが極めて高く、国民にとって取り返しの付かない人権侵害が生じるのであれば（以下に述べるように私は過去の実例からそう考えている）、秘密保全法の制定自体について慎重にすべきだという意見を言うべきではないだろうか。「有識者会議」なるものは、チェックをする役割のものではなく、お墨付きを与える役割しか果たしていないようだ。政府が行おうとする行為の権威付けのために「有識者」が参加しているだけではないかとの疑念がぬぐえない。

それでは、「報告書」にもとづいて、なぜ、秘密保全法が必要だというのか、その目的を見てみよう。

●過去の秘密漏洩事件

「報告書」は、

①外国の情報機関等による情報収集活動により情報の漏洩、その恐れのある事案が発生していること

②政府の保有する情報がネットワーク上に流出し、極めて短期間で世界規模に広がることを挙げ、「国の利益、国民の安全の確保のために政府が保有する重要な情報の漏洩防止制度の整備が必要」だという。同時に、政府の政策判断が適切に行われるために「政府部内や外国との間で相互信頼に基づく情報共有の促進が不可欠」であり、そのために「秘密保全制度の法的基盤の確立が重要」だというのである。

つまり、外国の情報機関に情報を漏洩したり、政府部内から情報がインターネットに流れたことなどから、政府部内や外国との信頼を得るために新しい秘密保全法制が必要だということになる。

有識者会議の第一回会合の挨拶で、当時の仙谷由人内閣官房長官は、「先般、尖閣沖漁船衝突事件のビデオ映像の流出事案が発生するなど、政府の保有する情報がネットワーク上に流出し、極めて短期間に世界規模で広がる事案が発生している」と触れている。

２０１０年11月に起きた「尖閣沖漁船衝突ビデオ流出事件」が、秘密保全法が必要な理由に挙げられているのだが、本当にそうなのだろうか。

海上保安官 逮捕せず
尖閣映像流出 書類送検へ
「秘密性」低く
捜査当局判断 告白から6日
遠い海のこと 見てほしかった 保安官

「漁船衝突ビデオ」は、もともと“秘密”の情報ではなかった。

この事件では、インターネットに問題の映像が流出する前の段階では、海上保安官であれば誰でも映像を見ることのできる状態にあったという。つまり、もともと「秘密」でも何でもなかったのである。後に秘密とされたのは、中国漁船船長の刑事処罰との関係で、証拠として扱われるようになって以降である。

もともと秘密でなかったものを流出させたからといって、いくら秘密保全法を制定しても処罰できるはずがない。実際、この元海上保安官は、その後、国家公務員守秘義務違反等で書類送検されたが、起訴猶予となった。現行法が〝緩やか〟だとしても、処罰する必要のない行為を理由にして重大な刑罰を定める必要があるのか。ここに基本的な疑問が生じてしまう。

二つめの理由として、過去の外国の情報機関等による情報収集活動によって情報の漏洩や漏洩の恐れのある事件が発生していることが挙げられている。有識者会議に出された「過去の主要情報漏洩事件の概要一覧表」によれば（第1回資料5）、その事件とは、ロシア海軍武官より現金等の報酬を受け取って海上自衛隊の秘密資料を渡したという典型的な秘密漏洩事件である。この海上自衛官は懲役10ヶ月の実刑判決を受けているが、この一覧表にある事件の処罰の結果は、他には執行猶予判決が1件あるだけで、いずれも起訴猶予（3件）、不起訴（1件）という状態である。大部分が起訴猶予や不起訴、起訴されてもこの程度の判決という状況で、なぜ、あえて重罰を定める法制が必要になるのだろう。「報告書」をいくら読んでも全くわからない。

●なぜ、秘密保全法を制定するのか？

次ページの表を見ていただきたい。

現行法では、国家公務員法の守秘義務違反で1年以下の懲役又は50万円以下の罰金が科されるだけであった「外交秘密」、「公共の安全及び秩序の維持に関する秘密」が、5年／10年以下の懲役と極めて重い刑罰を科すことになるのが目につく。

そして、現行の「ＭＤＡ保護法」（日米相互防衛援助協定等に伴う秘密保護法）や在日米軍に関する「刑事特別法」にあって「自衛隊法」にないのが、「探知・収集」行為である。これが秘密保全法では「特定取得行為」という名で処罰の対象とされている。

秘密保全法では、「情報の漏洩防止」を第一に掲げている。そのために秘密の人的・物的管理を強

現行法と秘密保全法の秘密の範囲

秘密の範囲	国家公務員法	自衛隊法	MDA保護法	刑事特別法	秘密保全法
防衛	1年以下の懲役又は50万円以下の罰金	5年以下の懲役	10年以下の懲役	10年以下の懲役	5年／10年以下の懲役
外交		—	—	—	
公共の安全及び秩序の維持		—	—	—	

犯罪行為と罰則・現行法と秘密保全法

	国家公務員法	自衛隊法	MDA保護法	刑事特別法	秘密保全法
漏洩	1年以下の懲役又は50万円以下の罰金	5年以下の懲役	①国の安全を害する目的 ②特別防衛秘密の取扱を業とする者　懲役10年以下 ③その他の者　懲役5年以下	①不当な方法でしか探知収集出来ないものの漏洩　懲役10年以下	取扱業務者 業務知得者 懲役5年／10年以下　罰金の任意的併科
過失	—	1年以下の禁錮又は30万円以下の罰金	④取扱業務者　2年以下の禁錮又は5万円以下の罰金 ⑤業務知得者　1年以下の禁錮又は3万円以下の罰金	—	取扱業務者 業務知得者
探知収集	—	—	⑥我が国の安全を害すべき用途に供する目的又は不当な方法による探知・収集　10年以下の懲役	②合衆国軍隊の安全を害すべき用途に供する目的又は不当な方法による探知・収集　10年以下の懲役	管理侵害行為又は詐欺等行為による特別秘密の取得【特定取得行為】　5年以下／10年以下の懲役
周辺的行為	漏洩の企て、命令、故意の容認、そそのかし、幇助　1年以下の懲役又は50万円以下の罰金	防衛秘密を取り扱うことを業務とする者による漏えいの共謀・教唆・せん動　3年以下の懲役	①②⑥の漏洩・探知・収集の陰謀、教唆、煽動　5年以下の懲役 ③の漏えいの陰謀・教唆・せん動　3年以下の懲役	③　①・②の陰謀・教唆・せん動　5年以下の懲役	未遂、共謀、独立教唆、煽動

化すると言い、「人的管理」として秘密取扱の適格者を審査することにしていることは、プロローグに記してある通りだ。「物的管理」は、秘密に標識を付けたり、物でなく秘密事項の場合には通知をすることとしている。これを法律で明記しようというのである。

そして、こうした秘密を漏洩した場合には、これまでよりもはるかに重い刑罰を科すことで秘密を守ろうというのだ。（国家公務員法では、「1年以下の懲役又は50万円以下の罰金」だったものを、10年以下の懲役としている。）

また、新たな法律をつくろうとする以上、現在の法律では処罰できないものを処罰しようと考えているはずである。防衛分野では、改正された自衛隊法により、防衛秘密の漏洩については、「5年以下の懲役」を科することが可能となっている。米軍関係の秘密漏洩については、MDA保護法、刑事特別法で「10年以下の懲役」、探知・収集についても同じく「10年以下の懲役」である。

すでに十分な罰則が存在するのだが、前述したように自衛隊法になく米軍の秘密に関しては存在するのが、「探知・収集行為」を処罰することである。秘密保全法では「特定取得行為」として、「探知・収集行為」を処罰しようとしているのだ。これは偶然の一致ではない。国が秘密保全法制定をめざす背景には、日米間の関係強化が深く根ざしているからだ。

●日米安保の新展開と軍事機密の保全の関係

１９８５年に「国家秘密法」が国会に上程された時も、日米ガイドラインによる日米安保の新たな展開にあわせたものであった。今回の秘密保全法でも累次にわたって、日米間での情報管理の強化の約束と、政府における技術情報の管理、省庁間の秘密指定の共通化、武器輸出三原則の緩和にともなう秘密管理の必要性の強調などが続いていた。

そして新防衛大綱で政府横断的な情報保全体制の強化をうたい、続いて2011年6月21日、日米政府は「より深化し、拡大する日米同盟に向けて50年間のパートナーシップの上に」（日米安全保障協議委員会 2＋2）を共同発表した。そこでは、「情報保全について政府横断的なセキュリティ・クリアランスの導入やカウンター・インテリジェンスに関する措置の向上を含む、情報保全のさらなる改善の重要性」を強調、また「情報保全のための法的枠組みの強化に関する日本政府の努力を歓迎し、そのような努力が情報共有の向上につながることを期待した」と情報保全の強化が約束されている。つまり、日米の軍事的情報の共有のために情報保全のための法的強化を約束しているのだ。米軍の秘密と同程度に自衛隊等の日本の防衛に関する情報も処罰範囲を拡大し、重罰化すること。秘密管理体制の強化を法的に根拠づけることがその狙いである。

これまでわが国の防衛秘密に関して存在しなかった「特定取得行為」を処罰することは、国民の知る権利を侵害するおそれのある極めて危険なものだ。それが、あたかも秘密の管理を主たる狙いとした改正であるかのような口実で導入されようとしているということだ。

●「外交秘密」の指すもの

米軍の要求は、新防衛大綱で言う「動的防衛」（防衛力の運用を焦点にあてた防衛）との関係上、よりいっそう米軍と一体化して戦争遂行が可能な体制をつくるために、米軍と同程度の情報管理を求められたものと理解すればいい。

では、なぜ「外交秘密」や「公共の安全、秩序の維持」にまで秘密保全法制の網をかけようとしているのか。米軍との関係を言うだけでは理解できない。

２００４年９月、自民党政権時代の町村信孝外務大臣に対して、「対外情報機能強化に関する懇談会」が報告書を提出した。ここでは情報収集機能の強化とともに、秘密保全措置の強化と法整備が必要であるとし、その理由として、「国内外の関係機関間の情報共有を妨げる大きな要因ともなっている」ことを挙げていた。

２００６年３月31日、上海総領事館員の自殺が報じられ、同日、外務省に秘密保全調査委員会が設置される。

その後、日米の秘密保護に関する協約を軸にしながら、様々な分野で秘密保護に関する協定が各国と結ばれていく。

２００７年５月１日　日米軍事情報包括保護協定（ＧＳＯＭＩＡ）

２００８年１月30日　日・ＥＣ税関相互支援協定の署名及び外交上の公文の交換について

この協定により、日本とＥＣ（欧州共同体）の税関当局間で相互支援を行う範囲や、相互支援の手続が明確化されるほか、提供される情報についても、秘密保持及び目的外使用の制限が確保されるなど、両者が情報漏洩防止策を講ずることにより情報交換を円滑に行うための措置がとられることとなる。

同様の協定は米国、韓国、中国との間にも締結されている。

２００８年11月には、「核テロリズムに対抗するためのグローバル・イニシアティブ」が発表された。そこでは「秘密情報を保護するために国内法及び国際法上の義務に適合する適当な措置をとりつつ、核テロ行為の防止及びその助長に関連する情報共有を促進すること」が明記された。

こうした動きからわかるのは、秘密保護の協定や国内保護法制化は、特定の国（米国）との関係だけでなく、多くの国（法執行機関）との間で、国際テロから税関相互の協力に至るまでのネットワーク形成のためであるということだ。

●警察情報が「特別秘密」となる

また、「報告書」が秘密として加えようとしている分野に、「公共の安全及び秩序の維持」がある。これは、警察法１条及び２条に規定されている「警察の目的、責務」の項にある文言と同じである。「報告書」は、地方自治体の秘密の作成・取得の主体を「都道府県警察に限定することも考えられる」とし、その実施権者を「警視総監・道府県警察本部長」としている。このことから、念頭においている秘密の中核が、警察情報であることは明らかだ。つまり、これまで防衛分野に関してだけ存在した秘密保全法制を、一挙に外交及び警察に及ぶ広範囲なものに広げ、重罰化しようというのである。

警察は、１９９０年代に入ってから生活安全局を新設し、暴力団対策法の制定やおとり捜査行為の範囲の拡大、少年法改正、有事立法の策定など、次々にその活動範囲を拡大させ、国民生活の隅々にまで関与するようになった。

２０００年代に入ってその傾向はいっそう強まり、むしろ質的な変化すら遂げたと言っていいような状況にある。生活安全条例は全国の都道府県レベルまで制定され、住民が防犯活動に協力・組織される状況にある。また、人権との抵触や罪刑法定主義との疑問などから法律化困難と考えてか、全都道府県で暴力団排除条例を設ける方法により、暴対法の改正につなげようとしている。

これまで社会の安定は社会保障等の改善により国民生活を安定させることではかられてきたが、現在の流れでは、秩序の維持を警察主導による治安対策・重罰化によってはかろうとしていると思われる。

ところが、裏金問題や汚職、不正経理、パワハラ、職務怠慢……など、マスコミに数多くの事件、不祥事が報じられ、警察に対する国民の信頼は低下している。次々に出てくる冤罪事件など、国民の間には警察の体質への批判が強まっている。

これら一連の不祥事を受けて警察は刷新会議を設け、情報の公開と犯罪捜査の強化によって国民の信頼を勝ち取る方針を出した。ところが、実際には情報公開は進んでおらず、むしろ「警察情報の開示こそ緊急の課題だ」と市民オンブズマン全国会議が強調しているのが現状だ。警察の秘密体質は変わらず、むしろ犯罪捜査の国際化等の流れの中で、外国捜査機関との情報交流等を口実に警察情報を秘密化しようという動きが強まっているのだ。

●最大の狙いは「特定取得行為」の処罰

「報告書」では、この法制によって一般人を処罰の対象としないこと、正当な取材活動を捜査・処罰の対象としないことを繰り返し述べている。

その根拠として「特定取得行為」は、「犯罪行為や犯罪に至らないまでも社会通念上是認できない行為を手段とする」もので、「適法な行為との区別は明確」だからだという。だから「特定取得行為」を処罰の対象に加えても、「正当な取材活動など本来許容されるべき行為が捜査や処罰の対象とされるおそれはない」というのである。

秘密保全法の基本的考え方は、秘密を漏洩させないことにある。処罰も一般人ではなく、秘密を業務上扱う者（特別秘密取扱者）に限るのだという立場から法の構造が語られてきている。しかし、現行法との最大の違いが「特定取得行為」を処罰するかどうかにあることからみても、最大の狙いはここにあると考えられよう。

それでは「報告書」が言うように、「犯罪行為や社会通念上是認できない行為」という限定を加えるだけで、正当な取材活動と「特定取得行為」が明確に区別できるのだろうか？　それで国民の権利・自由が侵害される恐れがないのだろうか？　到底そうは言えないことは、過去の二つの事例から見ても明らかである。

第一に、犯罪行為を手段とする場合が正当な取材活動と明確に区別できるかどうかである。日隅一雄弁護士が『マスコミはなぜ「マスゴミ」と呼ばれるのか』（現代人文社）で紹介している例を挙げよう。北海道警裏金疑惑を暴いた北海道新聞チームのキャップである高田昌幸氏のブログで次のような事件があったことが明らかにされた。

２００４年秋、30代の記者が、事件関係者の自宅に取材に出かけたが、記者が玄関のインターフォンを押したが返事がなく、しばらくインターフォンを押したり、少し中を窺うようにしていた。それだけで、記者は住居侵入罪で逮捕され、後日、警察担当を外された。会社の上司はその際、「警察から君を担当から外せと言ってきた。それも上の方からだ」と言ったという。結局、記者は住居侵入容疑で書類送検され、不起訴になった。

高田氏はブログ（http://newsnews.exblog.jp/2100772#2100772_1）で、「いったい、この「事件」は何なのか？　記者の取材活動が逮捕の対象になる。警察が「あいつを担当から外せ」と言ってくる。それを会社が受け入れてしまう。そして会社は記者を懲戒処分にし、全員に緘口令が敷かれる。これは、いったい何なのか？」と書いている。

次に『国家機密法のすべて』（青木書店）で著者の一人である坂本修弁護士が、自身の体験として紹介している「横田基地事件」を見てみよう。

１９８３年7月2日、日米親善カーニバルで横田基地が一般公開されていた。数千人の日本人見学者が入り、F16戦闘機のフライトデモなどを見学していた。見学者の一人であった『赤旗』の記者が米軍憲兵に呼び止められ、連行されて5時間の身柄拘束後、日本の警察に引き渡された。警察は、刑事特別法の不法侵入罪で逮捕、身柄を検察庁に送った。検察は裁判所に勾留を請求したが、裁判所は却下した。これに対する準抗告申立書で、検察庁はこの事件を「基地の一部が一般人に開放されるのを奇貨とし、これを利用して綿密な計画のもとに、基地内における軍事機密を秘かに盗み知ることを目的とした、いわゆるスパイ活動と目される極めて悪質重大な事案であると認められる」として、懲役10年以下で処罰される「探知・収集」罪であるとした。たまたま坂本弁護士がそこに居合わせ、弁護活動をしたことによって釈放されて起訴されなかったが、いかに事件がでっち上げられるかを示す事例である。

つまり、普通であれば何も問題とされない行為、留守宅で帰宅を玄関前で待つような行為や、一般公開されているところに入った場合も、それが取材されたくないことだったり、気にくわない者である場合には、犯罪行為としてでっち上げることなど簡単にできてしまうのである。

「立川ビラ配布事件」もそうした例の一つだ。集合住宅へのチラシまきなどは普段は問題にもされないのに、イラクへの自衛隊派遣に反対するビラを配布したばかりに住居侵入罪で逮捕されてしまった。そして、それを裁判所も追認してしまう現状がある。知られたくない情報を隠すために、「犯罪を手段とした」とされる危険は否定できない。

さらには、犯罪行為に限らない「社会通念上是認できない行為」を手段とした取得行為も処罰するとしているのだから、処罰の範囲がどこまで広がるかわからない。

この「社会通念上是認できない行為」は便宜的な説明用語などではない。米軍の秘密に関わるMDA秘密保護法や刑事特別法には、「不当な方法による探知収集」罪が10年以下の懲役とされている。米軍と同じ程度への情報管理の強化を求められ、自衛隊法の改正でも足りずに秘密保全法を改正する以上、米軍の秘密よりも狭い範囲の罰則にするだろうと考える根拠はない。犯罪行為を手段とした場合に限らず、「不当な方法」とみなされた取材活動が処罰されるおそれは大きい。

事実、かつてアメリカで防諜法が制定された当時、報道機関へ情報を流す目的の行為は処罰されないと解されていた。ところがその後、報道機関に情報を流すこと、そのための取材活動も処罰の対象とされ、ついに実際に処罰された例も現れるに至った。

「不当な方法」による探知・収集を処罰することは、仮に法律の中に「正当な取材活動は処罰しない」という文言を入れたとしても、捜査機関の考え一つで取材活動を「捜査の対象」として逮捕できる余地を残すことになる。以上の例は、その危険性を物語っている。

●明らかにされない「秘密」

「秘密」の範囲についても「実質秘を前提にして行政機関の長が指定するから何が秘密かは明らか」だと言うが、そうだろうか。

「実質秘」というのは、「本当に秘密にする必要性のある秘密」のことである。秘密だと「形式的に指定した秘密」のことは「形式秘」「指定秘」と呼ぶ。つまり、秘密指定がされているだけでは足りず、実際に国にとって秘密にしておく必要のある秘密を「実質秘」という。しかし、この「実質秘」をどうやって維持するのか。

秘密はいったん公表されれば、秘密ではなくなる。そのため、実際に秘密かどうかを審査しようとすれば、それが公表されることになるため、裁判でも公表できないということになりかねない。一体、何が秘密なのかわからないまま、漏洩あるいは、「特定取得行為」にあたるとして処罰されかねない。

戦前では、軍機保護法違反で起訴された場合に、軍機として法律上の別表が定められていたが、判決になっても別表のどの秘密を漏らしたのかが明らかにされなかった例がある。むしろ、秘密を公表することは国家の利益を害するという理由で、判決でも犯罪行為を特定すらしなかった。

それは例外的な現象ではなく、むしろ、判決文をできるだけ抽象化するよう求める裁判所所長の訓令が残っているほどである。裁判所を挙げて秘密の保全に協力しようという体制が行き着いた先は、被告人が争うこともできないような抽象化された疑いで処罰されるという事態なのである。

処罰された被告人の家族でさえ、どんな秘密を漏らしたから処罰されたのか全く知らされなかった。秘密を作ることは、何が秘密かすら秘密とするのである。

●「人的管理制度」――民間人にまで及ぶプライバシー侵害

そして「報告書」は、秘密管理の適格者を審査する「適性評価制度」を法律で明記するよう求めている。これは、秘密を漏洩する危険のある人物には秘密を扱わせないという意味で、「人的管理」と言われる。

「適性評価制度」は、秘密漏洩のリスクのある者を秘密の取扱者からあらかじめ排除するための制度で、対象とされるのは「特別秘密」を取り扱うことを業とする行政機関の職員と民間事業等の職員である。内閣総理大臣と国務大臣は除くことと明記されているので、反対解釈をすると国会議員は含まれることとなる。（このことは、民主党の岡田克也幹事長（当時）がその後の取材に対して認めている。）

この「適性評価制度」の実施権があるのは誰か。

国の行政機関では、行政機関の長とされ、独立行政法人等では主務大臣（例えば国立病院機構では厚生労働大臣ということか）、地方公共団体では、選挙で選ばれる首長ではなく警視総監、道府県警本部長が挙げられている。民間事業者の場合には、事業を委託した行政機関の実施権者。つまり、外務省が民間のＮＧＯに事業を委託した場合には、外務大臣が実施権者となり、地方自治体から事業委託を受けた場合には、県警本部長が実施権者となるということである。

評価の観点は、

①　我が国の不利益となる行動をしないこと。

②　外国情報機関等の情報収集活動に取り込まれる弱点がないこと。

③　自己管理能力があること又は自己を統制できない状態に陥らないこと。

④　ルールを遵守する意思及び能力があること。

⑤　情報を保全する意思及び能力があること。

が挙げられているが、実際に調査される項目を見ると、どのような人間が秘密を漏洩するリスクを抱えていると考えているのかがよくわかる。

調査事項は、次のとおりである。

①人定事項（氏名、生年月日、住所歴、国籍（帰化情報を含む。）、本籍、親族等）

②学歴・職歴

③我が国の利益を害する活動（暴力的な政府転覆活動、外国情報機関による情報収集活動、テロリズム等）への関与

④外国への渡航歴

⑤犯罪歴

⑥懲戒処分歴
⑦信用状態
⑧薬物・アルコールの影響
⑨精神の問題に係る通院歴
⑩秘密情報の取扱いに係る非違歴

本人の帰化情報や本籍、親族などその出身に関わる問題を調査の対象としていること、政治活動への関与（暴力的な政府転覆活動で言えば、破防法の監視対象とされている共産党などの活動に関与しているかどうか）も調べられることだろう。また外国の情報機関（報じられているように外国の情報機関は多く外交官としてわが国に来て、条約上認められた情報収集活動を行っている）との関係（外国人と知り合いになることは危険?）、テロリズム等への関与として、警察が疑う組織犯罪者との何らかの関わりが生じた場合には、適格性が疑われることになる。

懲戒処分歴には、例えば組合活動を行った結果の懲戒処分歴は、社会保険庁の解体の際に不利益に扱われたり、古くは国鉄からＪＲへの移行にあたって、組合活動に伴う懲戒歴が存在したことで採用されないなど、労働組合活動を真の理由とした差別の口実として使われている。

信用状態は、借金の状況などだろう。多額の借金を抱えていることは、報酬目的で情報を漏らす可能性があると考えられるということだ。薬物・アルコールの影響や精神の問題に関わる通院歴は、本人につけ込まれる弱点があると判断されることになるのだろう。

これらの情報は、いずれも程度問題であり、このストレスの多い社会において生きている以上、アルコールで酔いつぶれたり、不慮の病気や事故により借金を作ったりなどということは誰にでも起こりうることだろう。それをすべて個人の責任として、不適格者として国の秘密に関わる仕事につけない理由とすることは、労働者の中に、差別され、国から信用されない第二級の公務員を作りだすことにつながる。さらには国からの事業委託という経路で、そのことが民間企業やその下請けにまで広がる構造となっているのである。

実際に、仕事上適格かどうかを審査するためだという理由で調査への同意を求められた時、これを拒否することは事実上できないだろう。拒否すれば直ちに不適格者だという烙印を押されることになるからである。

しかも、その調査は本人だけではすまず、配偶者や家族、本人に影響を与える可能性のある友人などにまで広がる恐れがある。当然、本人以外の人の調査に同意は取られないだろう。多くの国民が秘密にプライバシー情報を調査され、監視されることが合法的に行われることとなるのだ。

●リストアップと監視、差別の横行する職場

国の法律によって、国民のプライバシー情報が広範に収集され、それが集積されて、その国民と親しい関係にある公務員、民間人を仕事から不適格者として排除する理由に使われる。監視による統制が進み、企業内、行政機関内において差別と選別が横行するであろうことは、これまでの数多くの事件から容易に想像がつく。

私は、かつて愛知・岐阜・三重・静岡・長野の中部5県下の中部電力で働く労働者が、会社から人

権侵害を受けたことを訴えた中部電力人権裁判を担当したことがある。

原告は、中部電力から共産党員やその同調者であるという理由で暴力を受け、仕事の取り上げ、職場でのつるし上げ、職場八分、賃金差別、家族と離ればなれにする配置転換など、ありとあらゆる形での差別を受けた（この差別を受けた中には共産党員ではなく、一緒に組合活動をしていただけの者も含まれていた）。1975年に名古屋地裁に原告90名で起こされたこの訴訟は、一審の判決までに21年の歳月を要し、ほとんど完全とも言える勝訴判決の後、高裁で和解解決した。最終解決までに23年を要した事件であった。

中部電力をはじめとする各電力会社では、共産党員らをあぶり出すために尾行をし、メンバーや会合の状況を調べあげ、その組織の実態を報告書として残していた。昨日まで職場で仲間として助け合って仕事をしてきた労働者がその関係を絶たれ、心ならずも差別や攻撃に加担していかざるをえなくなった。多くの労働者が職場を去り、精神を病み、傷ついた。被害は、労働者本人だけでなく、家族・子どもにまで及んだ（浜崎豊子『花風にひらく』愛知書房　が家族の立場からその被害を伝えている）。

企業方針に反するとして、企業が労働者をリストアップした後に起こる、労働者本人とその家族への人権侵害の数々は、多くの労働者・家族の人生を変えてしまうほどの影響を持つ。この事件は23年に及ぶ裁判の結果、労働者が勝利し、差別された賃金の是正等を勝ち取った。しかし、是正にそれだけの時間と労力をかけなければならないことは、問題の深刻さを示している。それだけの時間をかけてでも、責任を追及できる労働者は一握りに過ぎない。被害を受けたままで終わっている労働者も数多く、勝利し是正を勝ち取った労働者にとっても、奪われた人生は返ってこない。ありえたであろう、人間関係や仕事上の達成の喜び、人生自体を奪われたに等しい被害である。それが、家族にも及ぶ。「適性評価制度」の導入は、国家公務員の職場だけでなく、独立行政法人、民間企業等、幅広い国家秘密の指定に伴い、わが国の広範囲な職場にこのような問題を引き起こすだろう。

さらには、裁判になっても公開の法廷で秘密の内容を明らかにできず、裁判官による非公開の手続きでも、適性評価を受けていない弁護人はその手続きから排除されて、検察官と裁判官のみで審査が行われる可能性がある。アメリカの情報公開訴訟で、国家の機密を理由にした非開示情報にあたるかどうかを裁判で審査する際に、このような笑えない事態が現に生じているのだ。

●重罰化によって情報漏洩は防げるのか？

わが国では、現在、刑罰上の重罰化が進み、実際の判決でも量刑が重くなっている。こうした重罰化によって犯罪は予防できるのだろうか。

刑罰による犯罪抑止効果があるかどうかについての研究によれば、「酒気帯び運転」についての罰金額の引き上げは確かに犯罪抑止効果があったとされる。しかし、「酒酔い運転」や「危険運転致死傷罪」の重罰化は、抑止効果が疑われている。どういうことかというと、犯罪を故意で犯す場合には、それが発覚しないだろうと考えるから重罰化は犯罪抑止につながらず、軽い犯罪の場合には、その程度なら自分でもやる可能性がある、そして罰金が高くなるのは困るということで、犯罪が抑止されるのである。この研究によれば、重罰化によって犯罪抑止が図られるという考えには、はなはだ疑問が生じる。

また、「報告書」が言う「外国の情報機関に情報を漏洩した事例」での処罰の実績を見ると、懲役10か月の実刑判決が最高で、むしろ起訴猶予等の立件されないケースの方が多い。秘密保全法制定の必要があるとして挙げられる尖閣諸島の中国漁船の映像の流出事件でも、ネットに映像を流出させた海上保安官は、起訴猶予となっており、刑事訴追すらされていないことはすでに述べた。

正当な取材行為が捜査や処罰の対象とされる危険があり、なおかつ重罰化しても犯罪を抑止できないとすれば、国民の人権を侵害するおそれのある法律を作る必要など全くない。

2　政府の秘密体質と市民監視社会

●情報保全隊事件―市民への監視活動の実態

２００７年6月、陸上自衛隊情報保全隊が、市民を徹底的に監視・調査・記録していたことが明るみに出た。監視活動の時期は、北から順に、次々と自衛隊をイラクに送り出していた、その時期である。当時、全国的に「自衛隊を戦闘の続くイラクに送るな」の声が満ち満ちていた。自衛隊を愛するがゆえに「危険な戦闘地域に自衛官を送るな」と考えた人も多い（例えば、札幌地裁に一人で「自衛隊イラク派兵差止」を提訴した故・箕輪登さん。自民党の「防衛族」であり、自衛隊の育ての親である）。

防衛省設置法によれば、情報保全隊の目的は、自衛隊のもつ秘密の漏洩防止である。どう考えても目的を逸脱しているとしか思えない市民に対する監視活動を、堂々と組織を挙げて全国規模で行っていたのである。

情報保全隊は自衛隊のイラクへの派兵に反対する集会やデモ、学習会などを徹底的に調べ上げた。写真を撮り、どこの誰でどんな職業でどんな思想傾向か、これまでどんな活動歴があるか、などを資料化した。

「調査され、記録された」人々は仙台地裁に提訴した。「情報保全隊訴訟」である（2012年3月26日一審判決。一部勝訴。即日控訴）。この訴訟の過程で被告・国はこう宣った。「監視されていると知らなければ実害はない」。

この論法によれば「およそプライバシーの侵害は、密かに行われている限りにおいて実害はない」ということになる。

原告の一人は、成人式でビラまきをした。写真を撮られ、氏名、住所、職業、所属政党を調査され、記録された。その後、成人式でビラまきをするたびに写真を撮られ、抗議をするとこそこそと引っ込み、また再び現れが今でも続いている。

また、反戦平和を訴える歌を集会で披露した歌手は、本名、生計のための職業・職場を調べられていた。これはさすがに仙台地裁は損害賠償を認めた。しかしこの種の「損害」はお金で償えるものではない。

この自衛隊情報保全隊の活動の中味を規定する法律はない。結果的に「やりたい放題」なのである。仙台地裁は、何人かの原告については、個人情報保護法の自分の情報をコントロールする権利の侵害を認め、いくばくかの損害賠償を認めた。これまで一切この種の事件の損害賠償を認めて来なかった経緯からすれば「画期的判決」である。しかし、憲法上の権利としてのプライバシー侵害については、踏み込んだ判断をしていない。そうなると「根拠法があれば良いのだろ?」ということになる。秘密保全法が成立すれば、自衛隊情報保全隊が行った執拗な市民監視も、まったく問題がない、正当だということになる。

●原発事故─露呈した隠蔽体質

２０１１年３月の福島第一原発の事故当日、総理大臣を本部長とし、経済産業大臣をはじめ全閣僚をメンバーとする「原子力災害対策本部」が設けられ、避難区域や除染の基本方針、農作物の出荷制限など原発事故を巡る重要な決定を行ってきた。この「原子力災害対策本部」の議事録が作成されていなかったことが明らかになった。対策本部の事務局を務めている原子力安全・保安院の担当者は「業務が忙しく議事録を作成できなかった」と説明している。

一般的に有識者会議や専門家会議については、議事録を作成・公開するのが普通である。しかし、いまだに発言者氏名を伏せる場合もあるし、ホームページに載せない場合もある（こういうときは情報公開請求することになる）。それにしても全く何にもない、というのは前代未聞だ。

情報公開法第一条の「目的」にはこうある。

「この法律は、国民主権の理念にのっとり、行政文書の開示を請求する権利につき定めること等により、行政機関の保有する情報の一層の公開を図り、もって政府の有するその諸活動を国民に説明する責務が全うされるようにするとともに、国民の的確な理解と批判の下にある公正で民主的な行政の推進に資することを目的とする。」

だが、役所は何かと理由をつけては資料を「黒塗り」したり、非公開にすることを考える。「文書は廃棄されました」「探したけど見つかりません」という手もよく使われる。

そこで公文書管理法が2011年4月から施行された。

「この法律は、国及び独立行政法人等の諸活動や歴史的事実の記録である公文書等が、健全な民主主義の根幹を支える国民共有の知的資源として、主権者である国民が主体的に利用し得るものであることにかんがみ、国民主権の理念にのっとり、公文書等の管理に関する基本的事項を定めること等により、行政文書等の適正な管理、歴史公文書等の適切な保存及び利用等を図り、もって行政が適正かつ効率的に運営されるようにするとともに、国及び独立行政法人等の有するその諸活動を現在及び将来の国民に説明する責務が全うされるようにすることを目的とする。」

しかし、そもそも国民主権の原理を認めたくないと腹の中で思っている人々にとって、これは邪魔な法律である。国民が一番知りたいことは、「最初から情報公開請求の対象になる公文書を作成しない」という究極の方法で隠されることになる。炉心溶融の可能性を記者会見で発言した保安院の審議官が更迭され、避難につながるSPEEDIの情報が米軍には提供されても、住民には公表されなかった。これらの判断がどういう理由で何を考慮してなされたのか、これが一番隠したかったことなのだろう。

2012年5月6日、朝日新聞は「チェルノブイリは情報を隠したが、福島では混乱はあったが、情報隠しはなかった」と報じた。

「なるほど日本では、福島では、情報隠しはなかった。その通り」と思う人はどれだけいるだろうか？　少なくともこのブックレットの読者では皆無であろう。

明々白々に多くの情報隠しや情報操作があったのに、「なかった」と何のためらいもなく言えるマスコミ。彼らにとっては「情報操作も情報隠しもなかった」のだろう。「情報操作、情報隠し」に積極的に加担してきたのだから。

もちろん新聞だけではない。マスコミはこれまで「原発安全神話」を垂れ流し、福島第一原発事故以後はさすがにそれは言えなくなって、それでもさまざまな局面で「情報操作、情報隠し」の先兵を、ただ今現在も務めているように見える。

昔は、マスコミのことを「社会の木鐸」「権力監視の先頭」と言った。今では言葉としてさえ誰もそんなことは言わないし、期待もしていない。なぜそうなってしまったのか？

系列化。新聞社がテレビ局を持ち、同じことしか言わなくなった。そこに「テレビ電波の許認可」がかぶさる。「テレビ電波の許認可に支障のない範囲のことしか書かない新聞社」のできあがりとなる。

記者クラブ。行政に与えられた部屋や機器を使い、ときには行政の広報課職員を自分たちの事務員みたいに扱う。加盟社には情報を流すが加盟社以外には絶対に流さない。行政も記者クラブのみに発表する、いや今は2日後くらいに「報道発表資料」がホームページに載る。でもそれは「すでに報道された後」のタイミングでしか載らない。記者会見でも加盟社以外（たとえばフリーランス）は頑なに排除する。市民運動の担い手も「30社も入っている記者クラブ」を無視できず、事実上、フリーランスや海外メディアを排除した記者会見を行う。

要するに、記者は発表記事を時間内に間違いのないように書いて出せば良い、余分なことはしなくて良い、ということなのだ。これでは「権力監視」などできるはずがない。

●秘密保全法有識者会議の情報隠し

秘密保全法制は自公政権時代にも検討されていた。その頃行政機関内で検討していた「秘密保全法制の在り方に関する検討チーム作業グループ」「秘密保全法制の在り方に関する検討チーム」の報告とりまとめ後の２００９年７月に、「情報保全の在り方に関する有識者会議」第１回が開催されたが、８月24日の第２回会合をもって、政権交代により中断した。

この有識者会議の資料のうち、政府のホームページで提供されていない資料等の情報公開請求を市民団体（ＮＰＯ法人・情報公開クリアリングハウス）が行ったところ、２０１２年４月に公開された。見事な黒塗りで何もわからない。有識者会議そのものは前政権の下にあったが、開示決定をするのは現政権である。自公政権であろうと民主党政権であろうと「徹底的に隠す」「議論そのものを隠す」。秘密保全法制を検討するプロセスでは、これが一貫して行われてきた。

２０１２年４月８日付けの『しんぶん赤旗』は、「秘密保全法制　有識者会議／公開用に資料改ざん／官邸ホームページ」と報じた。

現政権になってから設置され、２０１１年８月に「報告書」を出した「秘密保全のための法制の在り方に関する有識者会議」。政府は、この「報告書」を秘密保全法案の骨子とする、と明言している。ここでの資料は内閣府のホームページで公開されている……はずだった。だが、実は、この公表資料は、別物への差し替えやら改ざんやらが横行し、有識者会議で使用された資料とはだいぶ異なることがわかった。さらに同法案をめぐる別の有識者会議の資料でも改ざんが行われていた、と報じているのである。

同じ2012年4月13日付け「東京新聞」は、さらに詳しく、議事録は未作成で、事務方メモも廃棄されていることを報じている。

もともと「有識者会議は非公開とする」「事務方である内閣情報調査室が主導する」と決まっていたという。有識者云々は格好だけの代物に過ぎず、法案の中味は全部密室で官僚が決める、議論の経過も資料も全部非公開か改ざんされたものなのである。「よらしむべし、しらしむべからず」の感覚に貫かれているのだ。

●秘密裏に実施された国家公務員の適格性調査

2012年4月11日付け「毎日新聞」は、「国が無断身辺調査　20省庁公務員「適格」5万人」と報じた。これは、野党国会議員が質問主意書で質問し、政府の答弁書を得たものである。

調査された国家公務員のうち5万3162人が「適格」とされた。つまり実際に身辺調査された人数は、もっともっと多いということだ。不適格とされた数についての質問にはこう答弁している。「お尋ねの不適格と判断された者の人数については、秘密取扱者適格性確認制度の具体的運用に関わることであり、政府の情報保全に支障を及ぼすおそれがあることから、お答えを差し控えたい」

つまり、トータル何人を調査したかは秘密にしている。本人の同意もなく、5万人を超える公務員のプライバシーを調べ上げていたというのは、いったいどういう人権感覚か。橋下徹大阪市長が職員の思想調査を行ったことで大問題となったが、それをはるかに超える規模で国が市民のプライバシー情報を調査・収集し、それを人事配置等の資料として使用していたのだ。

ここには、およそ人権などは存在しない。こんなプライバシー侵害もいいところの調査を行う根拠となる「法律」は存在しない。「秘密取扱者適格性確認制度」という省庁が作った制度に基づいてここまでやってしまったのだ。

くだんの質問主意書答弁書は、

「秘密取扱者適格性確認制度については、これを定めた法令はなく、基本方針に基づき、各行政機関において職員の任用に関して任命権者の権限の範囲内で運用しているものである」

と堂々と述べている。

そして、この人権侵害の調査を反省するどころか、調査に法的根拠を与えるためという理由で秘密保全法の柱に「適性評価制度」を据えようとしている。法令上の根拠＝錦の御旗ができたら、さぞかし広範囲にさぞかし徹底的に調査を行うことだろう。日本が自由な社会などとは、誰にも言えなくなる。

●戦前の「軍機保護法」「国防保安法」

秘密保全法の危険性について、「審議過程できっちり歯止めをかければ良い」とか「付帯決議で危険な運用を防ぐようにすれば良い」とか、はたまた「用語の定義をしっかりと書き込み、条文を厳密に作れば良い」という議論もなくはない。本当にそれで危険性は除去できるのか？　歴史ははっきりと「それは不可能だ、危険だ」と断言している。法制定時の議論と異なり、運用時には拡大濫用された数多くの例があるのだ。それは明治憲法下だからであって、戦後の民主主義憲法下ではありえないことなのだろうか。

前章で詳しく触れた秘密保全法の「特定取得行為」について、戦前の「軍機保護法」や「国防保安法」にその類例を見ることができる。これらの法律の実際の運用の歴史を見ることで、根拠をもって秘密保全法の運用がどうであるのかを想像することができる。

これらの法の制定時の帝国議会での質問や答弁によれば、国民（臣民）の権利が脅かされるようなことは、起こらないはずであった。しかし、現実には、きわめて拡大濫用がなされ、人の一生を破滅させ、社会を衰弱させ、ついには破滅的戦争へと傾斜していった。

『戦争と国家秘密法』の著者、上田誠吉は、「国家秘密法」が執拗に成立を目論まれていた1980年代に、戦時下日本での国家秘密法制の運用を詳細に調べ、その下でどういう人が何についてどんな状況で、どう処罰されたのかを丹念に調査した。

まだ明治政権の土台も固まらぬ1869年（明治2）に、「出版条例」を制定し、「政務の秘密を漏らした者」の処罰を規定する。1871年（明治4）には、海陸軍刑律制定、軍人軍属の軍機漏泄の処罰を規定。以後次々と、「秘密漏泄」「利敵行為」などを処罰する法律が制定、強化される。日露戦争への動きが急となる1899年、軍機保護法、要塞地帯法が制定される。一貫して、「敵国に軍事上の利益を与え」たとされる者への罰則の強化がなされ、軍機・軍情の漏洩、間諜幇助などへの罰則が「死刑」に引き上げられる。

1937年、中国への侵略が全面戦争となるきっかけになった盧溝橋事件（7月7日）の1カ月後に「軍機保護法」の全面改正が行われる。「軍事上秘密の事項又は図書、物件」とされていた対象は、「作戦、用兵、動員、出師其の他軍事上の秘密を要する事項又は図書、物件」へと拡大され、解釈次第では何でも軍機となりうるようになったのだ。陸軍は内部的な規定で、保護すべき秘密を拡大し、これも「解釈次第では何でもあり」「運用の幅はいくらでも」となる。政府内の組織再編もまた「スパイ防止」を強化する。

それでも軍機保護法全面改正は、帝国議会においては、かなりまともに審議された。「本法において保護する軍事上の秘密とは、不法の手段によるに非らざればこれを探知収集することを得ざる高度の秘密なるを以て、政府は本法の運用にあたりては、須く軍事上の秘密なることを知りてこれを侵害する者のみに適用すべし。」という付帯決議が付く。つまり、保護すべき「軍事上の秘密（軍機）」を厳しく限定し、軍機を軍機と知って不法な手段で入手する者のみを罰する、としたのだ。しかし、実際は、この付帯決議など存在しなかったかのように運用されていく。

１９３８年、「国家総動員法」制定。１９３９年、「軍用資源秘密保護法」制定。そして、１９４１（昭和16）年3月、「国防保安法」制定、「治安維持法」改正。いよいよ本格全面戦争への準備が進む。

●北大生・宮沢弘幸を襲った悲劇

上田誠吉が歴史の闇の中から掘り出した事件に「宮沢事件」がある（上田誠吉『ある北大生の受難　国家秘密法の爪痕』朝日新聞社）。

北海道帝国大学（現・北海道大学）工学部の学生だった宮沢弘幸は、1939年夏、北大予科のときに樺太（サハリン）を旅行した。その際、20日間ほど、樺太・大泊港での海軍関係の工事に従事する。

翌1940年、北大・工学部電気工学科に進学した宮沢は、南満州鉄道株式会社（満鉄）が、全国の大学・高専の学生から論文を募集をしているのを知り、応募する。宮沢の論文は目出度く合格し、同年8月に、他の論文合格学生（11名）とともに「満鉄招聘学生満州調査団」の一員として、満州（中国東北部）を旅行した。

満鉄による論文募集も、「満鉄招聘学生満州調査団」も、国策そのものであった。参加した学生は、「報告会で報告する」ことを要請される。「新体制下学生青年層の対満認識をさらに強化拡大し、以て今夏の渡満による成果を如実に具現致」すことに協力してほしいというのだ。宮沢は、この要請に熱心に応え、協力を惜しまなかった。

1940年秋から1941年にかけて、宮沢は、新聞や雑誌に熱心に連載投稿をする。その一連の流れの中で、宮沢は、1941年春に千葉県習志野陸軍戦車学校での合宿訓練に参加し、その体験を『北大新聞』に「戦車を習う」との題名で投稿する。さらに7月には、逓信省の灯台監視船「羅州丸」に便乗して、千島列島と樺太を旅行する。8月から9月にかけて、再度、満州を旅行した。

同年12月、日米開戦。宮沢は突然逮捕される。千島・樺太旅行での体験を自分の英語教師に話したことが、軍機保護法に触れるというのだ。

起訴され、大審院まで争ったが、懲役15年の実刑が確定してしまった。戦後釈放されたときには、まだ20代なのに見る影もなく老い、衰弱していた。本人は事実の片鱗も語ることなく、釈放後数年で亡くなってしまった。

宮沢が探知したとされる「軍機」は、いずれも公知の事実であった。彼が新聞に書いたことは、ほとんどすでに過去に新聞で報道済みのことであった。根室にある海軍飛行場のことを漏らした、と罪に問われたが、これもその数年前に「毎日新聞ニッポン号」の特集記事の中で書かれており、世界中に配信されている。また、宮沢は、満鉄あるいは何かしら行政当局が関与する旅行に参加しただけで、特別な単独行動や探索行為は行っていない。千島・樺太旅行で知った軍にかかわる情報も、船員が話していたのを聞いた、それを帰国後に自分も教師に話した、ただそれだけのことである。

軍機保護法の帝国議会での審議過程では、探知とは、「不当な方法で情報を収集すること」を言う、としていた。しかし大審院（現在の最高裁判所）は「およそ『軍機』を取得して漏らしたからには（取得の方法は関係ない）」と、彼を懲役15年の実刑に処したのだ。そして、この裁判の過程を示す記録は残っていない。何が罪状とされたか、検察側はどう有罪を主張し立証したのか、手掛かりすらない。

戦後、治安維持法違反に問われた人については、釈放された本人の口からも語られ、ある程度は実態が伝えられている。しかしこの宮沢のような軍機保護法違反とされた被害者の例は全くというほど伝えられていない。

宮沢の家族は、宮沢がどんな行為についてどんな罪に問われているのか、全く知らされていない。もちろん、弁護活動に資する何かをすることもできない、そもそもそんな情報も機会も一切なかった。

軍機保護法に抵触したということは、「スパイ」だ、ということだ。家族の恥であり、できるだけ漏らしたくない。そして軍機保護法違反の内容を語ることは、それ自体、また軍機保護法違反となる。家族はひたすら「スパイの家族」とされ、世間の白い眼にさらされ続けた。

戦後釈放された宮沢は、自らにふりかかった「災難」を語る気力も体力も時間もないままこの世を去った。上田誠吉の、ある意味では執拗とも言える調査がなかったら、この事件は歴史から消し去られていただろう。

「アカ」とされるより「スパイ」とされるほうが、家族にとってはつらい、「恥」だ。「アカ」は主義主張の人であり政治犯だが、秘密をほじくる「スパイ」には、裏切り者、狡猾な奴という人格上の非難がつきまとう。

●漁師・北向菊之助事件

宮沢の例でもわかる通り、重い処罰を受けるに至った裁判の過程すら秘密にされる。いや、裁判と言える過程があったのかどうか？　法の埒外で秘密裏に処理することが横行する。「スパイの罪を公然と語ったらスパイ天国になってしまう。スパイの存在すら秘匿すべき」ということになる。

判決文中でも秘密の特定は不要とされてしまう。前述の「軍機保護法」改正の帝国議会での審議過程では、秘密が何であるかの特定と刑罰との関係につき、きっちりと限定し、明確にわかるように公示する、とされた。ここで、再び上田誠吉の著書に基づいて、軍事体制下の裁判がどのように行われたかを示してみたい。

１９４１年12月10日、漁業組合事務所で理事長他組合幹部が会合中に、警察官が来合わせ、海図を広げて操業禁止区域を説明した。その際、幹事の北向菊之助が、「某小島嶼内に軍事施設の着工せられ、該島が既に軍事上の必要より船舶の運航を禁止せらるる区域内にありて該施設の位置及び其の設備状況等が軍事上の秘密に属する事項なることを知悉しながら」（福井地裁刑事部判決より）、同席者にこの島で軍事施設が工事進行中であると語って、海軍の軍事上の秘密を他人に漏らしたとされ、軍機保護法違反に問われ、懲役６カ月の実刑判決をくらった。

弁護人は上告趣意において「軍事上の秘密の種類、範囲について数十項目のうち、どれに該当するかを明らかにするのが当然。」「原審が規則第１条第１項に該当すると判示するだけで、数十項目のいずれに該当するかを判示するところがないのは、理由不備の裁判にして破棄を免れず。」と主張した。大審院は宣った。「判示軍事施設が同条項に詳細に規定せる数十項目中のいずれに該当するものなりやを特に判示せざればとて、其の軍事上の秘密たることの判示に於いて、何ら欠くるところなきものと謂わざるべからず。」

軍事上の秘密だ、ということさえはっきりさせれば、あとのことはどうでも良い。とにかく有罪であり処罰されるべきなのだ、と。

判決文の中で、「事実」も「罪」も抽象化されていってしまう。熊本地裁所長訓令「刑事特別事件処理規程」（１９４１年［昭和16年］５月17日）が、そうした抽象化（つまりは「何もわからない」状態にする）の根拠とされてしまった。

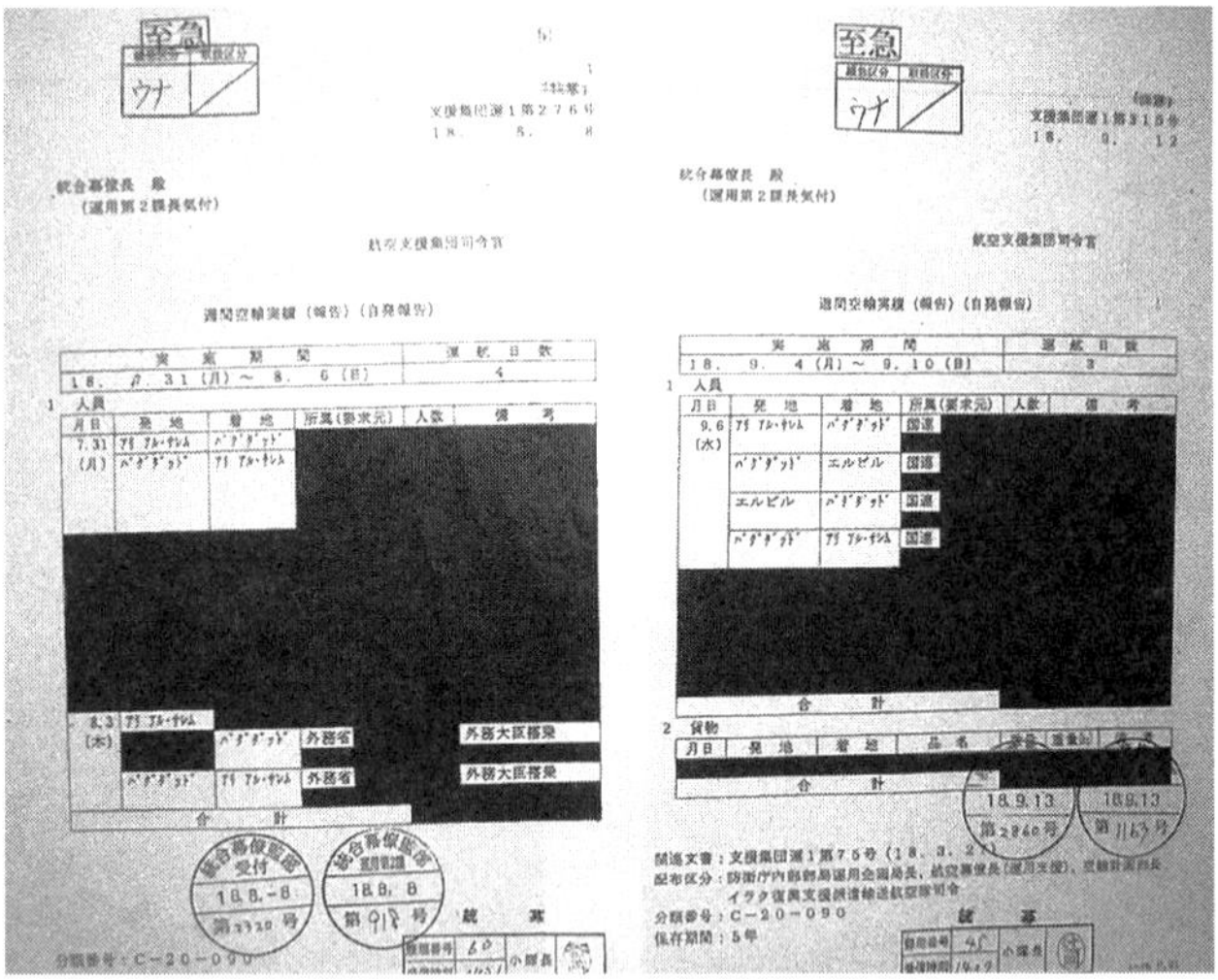

ほとんど黒塗りの開示資料（『自衛隊イラク派兵差止訴訟全記録』より）

国防保安法違反事件は、特別事件（第1条）であるから、「本規程は治安維持法違反事件に付き、之を準用す」（第16条）とした上で、「特別事件に関する判決又は決定に秘密事項を表示するにあたりては、努めて抽象的の文字を使用し、具体的の表示を避くべし。」（第11条）、「記録の謄写又は閲覧は特別の室に於いて之を為さしめ、別に定めたる監視人を付す」（第13条）と規定する。密室裁判であるべし、と堂々と宣明してしまうのだ。

かくて、判決文は抽象化どころか、伏せ字だらけとなり、伏せ字の量が全体の3分の2とまでなってしまう。

自衛隊のイラク派遣差止訴訟の過程で、各地の原告は航空自衛隊の活動記録の情報公開請求をした。ところが開示された記録は、ほとんど黒塗りとなっていた。原告は一部開示された部分から航空自衛隊の活動を推測し、それを名古屋高等裁判所が認めて、憲法9条に違反する活動を含むと判断した。その航空自衛隊の週間空輸実績の黒塗りと良い勝負である。あれはまともな公開ではなかった、と後に防衛省も認めて、開示請求者に全面開示した。その結果、名古屋高裁判決の認定が正しかったとわかった。

大審院は、最高裁判所と名を変えて今も生き残っている。民法や民事訴訟法では、まだまだ「大審院判例」は大活躍しているのだ。では、あの伏せ字だらけの大審院判決は、伏せ字を戻してどこかに記録されているのか？　残念ながら、伏せ字のもの以外はどこにも存在しない。スパイのような、国家にとって都合の悪いことは、暗黒裁判でよろしい、と今の最高裁判所も考えているのかもしれない。

●暗黒裁判への傾斜

裁判は異様にスピードアップされる。漁師北向事件は、上告審判決が確定するまで、事件発覚から約4カ月、起訴から約3カ月であった。国防保安法第2章の刑事手続も、軍機保護法違反事件・治安維持法の特別刑事手続きも、控訴審を廃止し、二審制とした。処罰の早期実現が狙いである。

1941年2月1日、三宅正太郎司法次官は、七六帝国議会国防保安法案委員会で答弁する。

「ただこういう事件はただいま仰せられまするように慎重に、と云うことだけではいけないのでありまして、国内における害毒の伝播という云う風なことや、其の国外に及ぼす影響と云うようなものを考えますと、出来るだけ迅速に処理しなければならぬ必要があるのであります。」

「実は裁判官を信用しないとか、弁護人を信用しないと云う考えは毛頭ございませんが、国家機密は一人でも余計に知らせたくないのであります。それでありますから出来るだけ是は小範囲に止めて、そうして成るべく多くの人の耳や口に掛からぬように、出来るだけ早く処理したいということが必要だと感じましたのであります。そこで結局、そういう関係上控訴審は省略されました。」

事実上、軍機保護法全面改正時の付帯決議はすでにこうして、消し去られている。そのことに気づいた帝国議会議員は、多分、その後議席を保持できなかったのではないだろうか。矛盾を追及した記録は存在しない。

三宅司法次官はなおも言う。指定弁護士制が必要、弁護人は二人に制限すべきだ、と。

「傍聴を禁止しましてもやはり記録が大勢の人の手に渡るという事も考えられますし、二審となればそれだけ又弁護人も多くなるという形もございますし、そういう関係上、国家機密が多くの人に知られないように、又知らせないことが即ち此の国防保安法の違反罪を起こさない訳であります。でありまするので、出来るだけ是は少数に止めたい、こういう訳であります。」

「弁護人を制限致しましたのも、一つはそういう国家秘密を包含する記録とか、或いは謄写したものとか、その他のものが、それを十分に保存するだけの設備を持って居る方ならば宜しうございますけれども、軽々にもそれ等のものが外部に漏れる、或いは出るということの心配あるところには、そういう方がこの弁護人にならないということの制限を附した次第なのであります。」

秋山刑事局長は、補足する。

「是は弁護士を信用しないという趣旨では毛頭ないのであります。ただ弁護士の中にも実はこういうことに協力することを好まないと云うような人もないともかぎませぬ。例えば、治安維持法の罪に依って処置されたような方もあるような事情がありますので、そういうほんの一部の人だけは之を除いたらどうかと云うような趣旨でございます。」

国の人権侵害と闘う弁護士など、どうせ「アカ」か「スパイ」と同じ範疇だ、というわけである。

こうなれば、密室裁判、暗黒裁判をするのだ、と堂々と開き直る。明治憲法の域さえ、完全に逸脱している。

「犯罪の性質に鑑みまして、訴訟の促進と訴訟の過程において国家機密、軍事上の秘密等が外部に漏れることを防止せんとするため」（柳川司法大臣答弁）裁判全体の「秘密化」が必要だ、弁護人は国家秘密に関する陳述をしてはならない（国防保安法31条）、弁護人の記録謄写は許可制とする（同第32条）……、マグナカルタ、名誉革命、明治憲法もこうした近代憲法の流れを受けて定められた。まがりなりにも立憲主義の体裁をとった。その「立憲主義らしさ」さえ、たかだか官僚の議会答弁で亡きものとされた。

●韓国の事例―「国家保安法」の運用の実態

韓国には、「国家保安法」という法律がある。1948年12月に制定されたものだ。同年4月3日には、済州島で「4・3（ヨンサン）事件」があり、朝鮮戦争はすでに事実上始まっていた。まさに戦争を背景に作られたこの「国家保安法」は、朝鮮戦争は休戦はしたけれど、講和（終結）に至っていない現在、何度かの改訂を経ながら、なお韓国に残る。

「国家保安法」は、日本の戦前の治安維持法や軍機保護法などの治安立法を参考に作られたと言われている。日本が植民地とした韓国には、戦前の日本のこうした「影響」が今も色濃く残っている。国家保安法は、国家保安を脅かすような反国家活動を規制することで、国家の安全と国民の生存・自由を確保することを目的とする、と謳っている。

この法律により、「反国家団体」とされた団体の役員にはパスポートは発給されない。そのため日本に住む韓統連（在日韓国民主統一連合）の役員・元役員は、韓国に入国することが許されないでいる。

韓統連は、1973年に結成された「韓国民主回復統一促進国民会議」（韓民統）を1989年に組織改編して誕生した（詳しくは「韓統連」ホームページ）。韓民統の頃に若手リーダーであった活動家が、70歳代半ばになってきた。「もうだいぶ老い先が短くなったから先祖の地を一度見てみたい。40年の歳月があって、民主化が進んで、でもまだこうなのだから、自分の寿命のうちに祖国の地を踏むことは無理なのか」とある元役員は呟く。冬ソナのヨンさまの国、民主化された韓国は、国家保安法によって日本に住む同胞の「思想」を取り締まっている。韓統連の現役役員は、秘密保全法に反対する愛知の会のチラシを眺めながら言った。「秘密保全法という文字が国家保安法に見えてしょうがない」。

板門店に象徴される「軍事境界線」。朝鮮戦争はまだ終わっていない。目に見える冷戦構造が、韓国を今も覆っている。この軍事的緊張の中で、多くのでっち上げ事件がねつ造され、政治的に利用された。「国家保安法」は、軍事独裁政権の「国家」を保安（維持・強化）することに使われ続けてきたのだ。

1971年4月20日、学園浸透スパイ団なるものが韓国で大々的に摘発された。歴史的な大統領選挙が始まる直前である。

「スパイ団」の「首謀者」として逮捕・投獄された徐勝《ソスン》が、顔を含む上半身に火傷を負って公判に出廷した。徐勝は京都府生まれで東京教育大卒、逮捕されたときはソウル大学に留学していた。母親は日本にいる。日本と関係の深い「在日」であるがゆえに、その「顔半分の皮膚が火傷で変形し、白い服（韓国の伝統的「罪人」の服）を着せられ、腰縄で縛られた姿」の写真は、新聞を通して日本社会にも衝撃を与えた。この火傷は拷問ではなかったのかもしれない。しかし、そう信じられるに足る事実が、韓国の軍事独裁政権にはあった。多くの「在日」が、日本の公安・外事警察と連携した暗躍するＫＣＩＡ（大韓民国中央情報部）の影に怯えていた。多くの「徐勝」が、身近にいたのだ。

徐勝は、実際に北朝鮮へ非合法の形で渡航したことについては認めている。しかし、逮捕・起訴・有罪の根拠とされた容疑（実際に韓国でスパイ活動を行ったか）については、当時の裁判から現在に至るまで否認を貫いている。「自分はスパイではなく、非転向政治犯だ」という徐勝の主張こそが、実は、最も許し難い処罰の対象であったのだ。

はじめは死刑判決。死刑囚として長く投獄され、そのうちに無期懲役に減刑され、19年間を獄中で過ごし、１９９０年に釈放された。１９９４年に多田謡子反権力人権賞を受賞。日本に戻り、立命館大学教授として、日本の植民地支配の「歴史的清算」、「在日」のあり方、東北アジアの平和についての発言を続けている（２０１１年、定年により立命館大学を退職）。

１９６１年に軍事クーデターによって権力を得た朴正熙《パクチョンヒ》は、米・日政府の支持を背景に強権で韓国を支配した。そのかげりが見えたのが１９７１年の大統領選挙である。対抗する金大中《キムデジュン》候補の人気が高く、大統領選挙の投票は「学園浸透スパイ団事件」の後だが、金大中候補が善戦、97万票差にまで迫ったのだ（朴正熙・６３４万票、金大中・５３７万票）。公然と大規模に行われた朴正熙側の選挙介入からすれば、実質は金大中候補の圧勝だった。この状況は投票前に見えており、朴正熙側は恐怖した。でっち上げ宣伝で「北」との軍事的緊張を煽ること（「金大中のいう平和的統一など寝言だ」）と、目障りな学生活動家の大弾圧を同時に画策して実行したのが「学園浸透スパイ団の一斉検挙」である。（この大統領選の直後、金大中氏は、交通事故を装った暗殺工作に遭い、股関節の障害を負った。後に韓国政府はＫＣＩＡが行った暗殺工作であったことを認めている。）

１９７３年、亡命を余儀なくされていた金大中氏は、東京のホテルから拉致され、危うく謀殺されるところであった。これはＫＣＩＡ内部の不一致やＣＩＡの判断などが動いて「表沙汰」になり、金大中氏は米国に逃れることになった。日本政府の諜報・公安機関は、少なくとも「場を提供する」あるいは「見て見ぬふりをする」ということにおいて、この事件に関与している。

韓国の民主化がなされた（とされた）盧武鉉《ノムヒョン》大統領の時代、「真実・和解のための過去事（過去史）整理委員会」が設置された。南アフリカにおいてアパルトヘイトの事後的な解決を図った真実和解委員会の成功を受け、同様の歴史を抱える各国が同様の機関を設置した中、韓国もこの整理委員会を設けたのだ。

軍事独裁政権の時代に発生した重大な人権侵害の調査・検証を行った結果、この「学園浸透スパイ団事件」も、冤罪であることが明らかにされた。「事件」そのものが荒唐無稽、国軍保安司令部（現・国軍機務司令部）による拷問から生じた虚偽自白などに基づいてでっち上げられたものだったのだ。

徐勝には、俊植《ジュンシク》と京植《キョンシク》という二人の弟がいる。俊植もまた「学園浸透スパイ団事件」で逮捕されており、京植は兄たちが「スパイ」とされたために韓国には入国できず、日本で救援活動を展開してきた。兄弟の母親である呉已順《オギスン》は、まるきり字が読めなかったという。それでも韓国当局の脅しすかしに「自分の育てた子のことを信じている」と凛として対峙し続けた。釈放された息子の姿を見ることなく、1980年5月20日、子宮がんの再発により死去した。

徐俊植は、「自分のスパイ容疑」について、およそ以下のようなことを語っている。（徐俊植「自生する情熱」より。用語などの言葉遣いはできるだけ、徐俊植による）

1970年（ソウル大学校法科大学3年在学時）の夏休み、俊植は北韓（北朝鮮のこと）に行った。その話を「これがまさにお前が北で受けた指令だ。お前はスパイだ」と俊植に彼の罪を教えたのは、逮捕された俊植を取り調べた捜査官だった。俊植は絶望し、自暴自棄となり、混乱状態で取り調べを受けた。令状発布なしに逮捕されたときの基礎取り調べ、絶望ゆえの様々な虚偽の自白は、後に拘束令状が正式に発布されて以後の正式な取り調べの場で、どうにも翻しようがなかった。

「軽率は罪悪だ」と俊植は語る。いかなる深刻な必要性もなかった俊植の北韓行きは、結局ひとつの「罪悪」を産んだ。

韓国の対共（産主義）捜査機関では、スパイないし国家保安法違反などの容疑者は拘束令状なしに逮捕・取り調べをするのが常識だ。こういう事案については、裁判時に法官（判事）たちも、令状なしの逮捕・取り調べを問題にしない。そうして、容疑者を際限もなく、ときには何年にもわたり自分たちの掌に乗せておく。ときに取り調べたり、「逆工作」に利用したりもする。

俊植の拘束令状は、彼が陸軍保安司令部に逮捕されてから約50日後に、正式に発布された。その日は1971年4月18日で、朴正煕対金大中の大統領選挙1週間前だったし、奨忠檀《チャンチュンダン》での金大中候補の遊説にソウル市民たちが雲霞のように大挙つめかけていたときだった。高麗大学の学生たち4000名が安岩洞の街路で機動隊4000名と肉弾戦を展開するなど、最高潮に達した教練反対闘争の過程でもあった。

この50日のうちの一定期間の間、俊植は「逆工作」名目で解き放たれ、監視を受けながら、催涙弾の煙に包まれた法科大学に通っていた。拘束令状が正式に発布されると同時に大々的にマスコミに発表されたのは、俊植が「北の指令を受け教練反対闘争を背後操縦・煽動するスパイ」だというものだった。実は、韓国の情報機関の一つである保安司令部の工作要員にソウル法大教練反対闘争に関する情報を提供したことのほかに、俊植がしたことは何もなかった。

裁判の結果、俊植は、「国家保安法」違反で懲役7年の刑に処せられた。7年の刑期を満了した1978年5月、当局による転向強要を拒否して「非転向」を貫いたため、政治犯の保安拘禁を定めた「社会安全法」の「保安監護処分」により、保安監護所に移送された。収監中、俊植は三度にわたって訴訟を提起し、51日間の断食闘争を行った。1988年5月、「住居制限処分」に変更され、17年間の獄中生活から釈放された。

●民主化途上の「兵営国家」韓国

1971年に漁夫として北（朝鮮民主主義人民共和国）に拉致されてから翌年帰還した金成鶴《キムソンハク》は、それから約14年も経った1985年12月のある日、突然に京畿《キョンギ》道警対共分室に連行された。令状なしの72日間の密室捜査の過程で彼は、無差別殴打、水拷問、電気拷問などを繰り返し加えられた。人間の限界の前で泣きわめきながら、屈服してしまった。

でっち上げられた事件の内容は、「北韓で洗脳教育・指令を受けて帰還、トンヘ（東海）沿岸の軍事機密探知、友人たちに北韓を讃揚・鼓舞」などとなっている。

弁護士は検事に、スパイ罪の物的証拠となる無線機や乱数表があるのかと問いただした。もちろん、そんなものは存在しない。結局、検事は、仕方なく被疑事実からスパイ罪の部分を取り下げ、反国家団体讃揚・鼓舞罪だけで公判を維持しようとした。この部分についても、法院（裁判所）は、長期間の不法監禁による被告人の「心理的負担」を理由に、自白の証拠能力を認定せず、無罪を宣告した。

無罪となったのは非常に希有な例であり、信じられない幸運であった。

絶望に泣きわめきながら冤罪だと主張するあの多くのスパイ事件の被告たちの中の誰一人として、乱数表や無線機を証拠物として押収された者はいない。また、1～3カ月に及ぶ不法監禁下で凄惨な拷問捜査をうけなかった人はほとんどいない。そして、その被告たちのすべてがスパイとして断罪され、懲役7年から無期懲役の刑を宣告されている。

韓国の歴史では、重要な政治的局面において、権力側の都合が良くなるようなスパイ事件が、いくつも起きている。誰かを「スパイ」とすることは、社会の中に敵を作ることである。敵を作り、その軍事的緊張を、政治目的に利用する。こうなると、社会全体が軍隊内と同じく暴力と密告がはびこる。

韓国の歴史家・韓洪九《ハンホング》は、こうした韓国社会のありようを「兵営国家」と喝破した。未だに「国家保安法」は廃止されず、現にその法律のために祖国をひと目見ることすらかなわぬ人々を作りだしている。

「兵営国家からの脱却こそ韓国社会にとっての民主化の課題」と韓洪九は言う。韓国の民主化はまだ途上である。

日本は、１９４５年の敗戦によって、それまでの「兵営国家」は崩れた。明るく輝かしい民主的平和国家として再生したはずだ。だが実は、政治や行政や司法を司る人たちも、旧財閥を前身とする大企業も、「兵営国家」だったときのまま引き継がれて、「新生日本」が創られた。そのことに特に思いを巡らすこともなく、六十有余年が経った。

今、この社会に生きる人々の考え方はどうなのだろうか？「安心・安全」をどこまでも警察に頼り、防犯カメラを張りめぐらして「安心」を得ようとする。自警団を組織する町内会も少なくない。ここに「国民の安全を守るための特別秘密、それを守るための秘密保全法」という言葉が入り込んだら、「安心・安全のためには秘密保全法が必要だ」となってしまわないだろうか。

日本が、再び「兵営国家」に戻るのかどうかが問われている。

3　なぜ、いま「秘密保全法」か？

今回、「秘密保全法」が出てきた事情として、次の五つの点を指摘できる。

一つは、米国の要求である。新防衛大綱の「動的防衛」概念の下、これまでよりもいっそう密接に米軍と一体化した軍事行動をとるために、米軍情報と同程度の秘密保護の要求があるということ。二つ目はこれと関連するが、武器輸出三原則の撤廃を要求する経済界、特に軍需産業からの要請である。三つ目は、特に外国との間で様々な協力を行うにあたり、要求される秘密保全措置に応える必要性。四つ目に、不祥事等により国民の信頼を損ねている警察が、警察刷新会議が出した情報公開ではなく、秘密体質を強化していること。そして五つ目に、原発事故に端を発する原発推進勢力のこれまでの関係など、政府にとって知られたくない情報を隠したいという要求である。

ただ、このようないわば見えやすい理由の背後に、隠された大きな狙いや背景があるのではないかということを考える必要がある。

●共謀罪と暴力団排除条例

政府は、２００５年8月と２００９年7月の二度にわたって、組織的な犯罪の「共謀罪」を創設する提案を行った。いずれも廃案になったが、その後も制定を目指している。また、これまでの法律制定手法とは異なり、全都道府県での条例制定を先行させて、「暴力団排除条例」が制定され、暴力団と関与した一般市民を排除する内容の「暴力団対策法」の改正提案がされている。これは法制定の手法として極めて異例であるばかりか、内容的にも、権力が国民の間に線引きをし、特定の人々を反社会的勢力と呼んで、社会から排除しようとするものと言える。社会は、本来、自然な人のつながりで営まれているものであって、国家が「社会的」と「反社会的」という区別を法律によって押しつける性格のものではない。国家が、特定の集団に対してラベリングをし、その集団の構成員による行為が重罰をもって処罰される――、その結果、警察権の恣意的な運用が可能になる。そもそも、近代刑法の原則は、人の行為を処罰する行為原理にあり、人の所属や属性、思想などによって処罰されてはならない。各県で制定されつつある「暴力団排除条例」には、暴力団関係者との食事や付き合いをすべて違法とすることができるといった内容があり、極めて問題が多いものだ。

それに加え、「共通番号制」の導入も画策されている。その導入理由は、公平な税負担を図るために捕捉性を高めるところにあるとしているが、これには国民の情報の収集、監視が広範に行われるとして、もともと反対意見が多い。

２０１２年6月現在、政府は消費税導入と社会保障の一体改革を目指している。しかし、そこで真に目指されているものは、法人税率の引き下げによる減収分を補うために、一般国民に広く消費税負担を求めることであり、使途としての社会保障については、規制緩和と民営化を柱とした新自由主義路線が貫徹されている。つまり、企業には利潤を保障し、国民からは幅広く税を負担させ、社会保障などは切り捨てるということになる。

我が国は、戦後、社会の安定化を社会保障、社会福祉施策とそれを補う形の企業内福祉によってまかなってきた。ところが、これらをいずれも企業利益にとってマイナス要因と捉え、民営化、規制緩和の名の下にこれまで築き上げてきた公的サービスを破壊してしまった。そして、営利目的の事業に投げ入れ、貧困層からいっそう搾取し、一部の富裕層にその搾取分を分配するという逆分配政策が行われた。

例えば「障害者自立支援法」の違憲訴訟によって、国と原告団との間で裁判上の和解がなされ、障害当事者も含めた検討委員会によって全く新しい「障害者総合福祉法」を制定すると約束した。にもかかわらず、目的と名前を変えただけで約束を守ったという詐欺行為を働き、実際には、障害者福祉をやはり規制緩和と民営化という路線の下に「障害者自立支援法」を延命させている。

比例区削減を中心とした選挙制度の改正など、現政権が目指す政策は、これまで幅広い国民の反対の中で実施できなかった国民負担の諸施策を一気に強行突破して実施しようとするものである。こうした痛みを伴う政策は、国民に将来に対する不安を感じさせることとなる。そこで、それまで国民の不安を吸収してきた社会保障施策を、治安立法で代替させようというのが、現在の国の方針だろう。暴排条例により通信傍受の規制緩和やおとり捜査・司法取引の積極的な導入が行われる可能性が広がる。国際的な組織犯罪対策を口実とした共謀罪は、行為を処罰するという刑事法の原則を離れて、思想や内心の意思を処罰することになる（例えば、過去の判例でははっきりと口に出して犯罪を一緒に実行しようと相談しなかったとしても、目で合図して、実行を承諾したとして「共謀」と認定された例がある）。自分とは異なる存在だから暴力団員はいくら厳しく処罰しても良いと考えているうちに、そこで緩和された刑事手続きや刑事法の適用は、一般人にも及ぶことになるだろう。その結果、思いもしない犯罪を共謀したとか、加担したとされかねないのである。

●国際的な約束の名の下に奪われる人権

被害者救済を高らかにうたいあげ、厳罰化を促してきた我が国の刑事司法は、その結果、非常に危険なところに来ている。本来、刑罰は、すべての人の生命や身体、財産を等しく重要なものとして扱い、それゆえ、それらを侵害する行為を処罰によって禁止することであった。そこには、被害者と加害者の対立ではなく、被害者も加害者も含む全ての人の生命、身体、財産の平等な保護が図られていたのである。ところが、被害者と加害者を対立的に捉え、被害者保護を図ることは加害者の人権を軽視することであるという誤った対立構造が我が国の刑事手続きの中に導入されることになってしまった。

本来、被害者保護は、犯罪を犯したかどうか、犯罪を犯した場合にどの程度の刑罰を科すかという刑事手続きの中で問題とされるべきではなく、独自に刑事被害者に対するその生活の保障や精神的ケアを行うなどの社会福祉分野の施策が取られなければならない。被害者の立場を代表するのは、刑事手続き中では検察官がその役割を果たすことになっている。あえて、刑事手続きの中に被害者を登場させ、その感情によって刑事手続きを歪め、厳罰を科すというのは、復讐を刑事手続きに盛り込むものである。これでは中世の刑罰観に引き戻すようなものではないか。一般に保障される人権が簡単に奪える手続きとなったとき、その被害を受けるのは、加害者も被害者も含め、それまでは無関係と感じていた一般人が被害を受けることになるのである。

「対テロ戦争」というアメリカが掲げるスローガンがある。グローバルな国際テロ・ネットワークに対する「脅威」を排除するための戦争と、それによって引き起こされた事態について掲げているものだ。日本においても、「テロの脅威」を理由とした国際的な法執行機関との連携と情報の共有、警察と自衛隊との共同行動は、すでに計画段階から訓練段階に至っている。「対テロ戦争」という概念がもたらしたものは、平時と戦時の区別がなくなり、治安と戦争との区別もなくなったということである。

９・１１以後、安全がなによりも優先するようになった。自由や人権よりも安全が優先権を得た。国内では、警察、検察、情報機関、軍の各機関の間で相互にそれぞれの領域への乗り入れが強化された。犯罪捜査の領域には、諜報や軍事手段が浸透し、逆に軍事行動に予防的な危険を防御するという思考法が浸透し、予防戦争まで正当化される。テロ対策の名の下に、政府機関による市民の監視、情報収集権限が強化され、テロ情報や対テロ情報を共有するため、警察、検察、諜報、軍の機能の統合（情報連合の形成）が促進される。その結果、国内各当局間の連合体であると同時に、国境を越えた政府間・諸国家間の連合体という、二重構造の複合的な連合体という安全保障構造が形成が促進された（クラウス・ギュンター「自由か、安全か―はざまに立つ世界市民」『思想』９８４号56頁）。

この学者の予想した事態は、すでに我が国だけでなく、諸外国において現実化している。アメリカでも、9・11以降、FBI（法執行機関）、CIA（諜報機関）、国家安全保障局（NSA）・国防情報局（DIA）という軍の諜報機関の間で、境界が取り払われ、組織的・機能的な融合が進められているという。それは一国内だけでなく、対テロ戦争の一方の主体である国際テロ・ネットワークに対して、各国の法執行機関、諜報機関・軍によって形成される「安全保障複合体」が国境を越えて重層的に結合されたグローバルな安全保障複合体のネットワークが形成されている。

このような動きの中で欠けているのは、それぞれの国民による民主的な統制である。これらは、いずれも各国の法執行機関同士の協定、連合であり、そこでは対テロ対策の目的を達するために、いかに効率的な対策をとるかということばかりが先行することになる。そのとき国民の権利の侵害は全く視野に入ってこない。そのとき役割を果たすのが、本来は各国の議会である。ところが、国際的な要請だと言われると、途端にほとんど思考停止状態となるのが、わが国の国会の現状である。

共謀罪にしても、国際的な協定に基づくものだからとか、外国との約束だから守る必要があるとしてあたかも審議の必要すらなく、立法化しなければならないような議論がマスコミでもされることが多い。しかし、国際的な協定によるといっても、その実態は、立法機関ではなく法執行機関である政府間での約束に過ぎず、その協定化や条文化にあたっては、それに関与した国の法執行機関、つまりそのような法律を必要とする国家機関のみが関与して作られたものであり、そこに人権の侵害がないかどうかなどのチェックは全くされていない。むしろ、それを国内法として制定する際に、他の法律との矛盾抵触はないか、人権を不当に侵害しないかなどがチェックされなければならない。ところがわが国では、このような基本的な性格についての認識がどこかに飛んでしまい、あたかも国際的な協定であれば、無条件に正しいものであるかのように前提されて、必要な人権侵害のおそれがないかどうかのチェックすら行われないケースが多い。国際的な約束だからという理由で国民の人権に関わる国内法を安易に制定することは許されないことだ。

●国民監視、統制への危険な道筋

このように考えれば、軍事秘密の共有を軸として進められてきた秘密保全法制の強化は、一気に政府機関の管轄する範囲に広がり、それを進めることによって、法執行機関や軍などを中心にした政府機関の間の統合が目指されることとなる。現在、わが国で進められている様々な分野での国民監視と組織犯罪対策の名の下に進められる治安立法の数々は、国民を管理し統制するための極めて危険な道具である。

テロリストという敵を想定したとき、明らかな味方以外は全て〝敵〟となる可能性があり、全ての情報、行動を監視する必要を感じる。そのとき〝敵〟とされるのは、国という単位で区切られたものではなく、言わば既存の国境を越えた既得権益を有している1％と対立し、搾取される99％の民衆である。現在の各国政府の行動は、自国民の保護に関心はなく、もはや自国民であっても他国民であっても、1％の富裕層のネットワークの利益のために行動しているものと見た方が正確であろう。

自衛隊の情報保全隊という自衛隊内の情報漏洩を防止するための部隊が、反自衛隊活動をすると見なした一般市民を監視し、自衛隊のイラク派兵反対のビラ配布や街頭での宣伝、果ては自衛隊騒音への苦情まで監視し、情報を収集し、報告していた自衛隊情報保全隊訴訟は、自衛隊という「敵を殲滅するための部隊」が、一般市民を監視していたという異常な事態が進んでいることを明るみに出した。

この情報保全隊は、警備公安警察と同様、組織を設ける根拠となる法律（組織法）はあるが、どのような活動をするかという活動を根拠づける作用法は存在しない。国家機関が法律によって組織され、行動を規制されているという原則を考えれば、このような作用法を欠く行動は、それが権力機関であるだけに違法である。そして、こうした行動を自衛隊が取る動機は、まさに政府の方針に反対する市民運動は、いかに平和的な運動であれ危険視され、監視し、時によって弾圧の対象とされるべきものだからであろう。

「秘密保全法」は、その意味でも国民生活の極めて広い範囲に及ぶ危険な法律である。そして、これまで見てきたように戦前の教訓でもある。戦前、国家秘密の範囲を財政、経済に及ぶ広範な領域にまで拡大したのは、１９４１年３月のことである。この年12月、真珠湾攻撃により太平洋戦争は開始される。その戦争準備として、「国防保安法」が制定され、同時に治安維持法が改正強化された。秘密の拡大と秘密保全法の強化は、戦争体制づくりのために行われたのだ。

政府に秘密はつきものだと言われることがあるが、軍事を認める「普通」の国と異なり、わが国は憲法９条を持ち、前文に平和的生存権を掲げる国である。そこでは、軍事による国民の基本的人権の停止などは原理的に認められない。秘密が、民主主義の縮減だという本質を考えれば、主権者である国民から隠されて当然という秘密を安易に認めることはできない。むしろ、情報公開をいっそう進めることこそが必要なことである。

あとがき

「秘密保全法」の危険性を知らせたいという思いで書いたこのブックレットは、私が今年の5月13日に「秘密保全法に反対する愛知の会」の学習会で話したことを柱に、秘密保全法の解説部分は私が書き、戦前の実態と韓国の状況は、私が提供した資料を基に近藤さんに文章にしていただきました。

韓国の例を出したのは、次のような思いからです。本文中にも出てくる徐京植氏は、他民族を侵略し支配してきた日本に民主主義が「押しつけられ」、日本人たちはさしたる代償も支払わずそれを享受してきた、その時期、植民地から解放された軍事政権下の韓国で、思想・信条の自由、表現の自由、集会・結社の自由などのために人々が文字通り血を流して闘わざるをえなかったことを、理不尽な不公平であると感じ、日本において民主主義が死につつあることを悼む――という趣旨のことを書かれていました。韓国の状況は、分断国家の苦難であり、民衆の苦悩はそのために生じています。韓国の国民が国家保安法の下で味わった悲劇を紹介したのは、我が国の市民に広く事実を知ってもらいたいと思ったからです。それと同時に、その状況を生み出した責任を負う日本国民は、何としてでも日本国憲法が定める平和と人権、民主主義を守り抜く責務があると考えたためです。同時に韓国の民主化への闘いは、日本の今後の闘いにとっても貴重な教訓になるものと信じています。

名古屋三菱朝鮮女子勤労挺身隊訴訟の準備のために最初に訪韓した時は、金永三大統領の時代でした。光州事件の5・18記念墓地は小さな山の中の狭い一角に土まんじゅうが所狭しとひしめいていました。たった一つ光州市民の思いは、墓地に入る入り口にある銘板にだけ表れていました。墓地に入る誰もが踏まなければならないこの銘板には「光州事件」を引き起こし、市民と学生を虐殺した全斗煥大統領の名前が入っていたのです。

金大中大統領の時代に5・18記念墓地を再訪したときには、墓地全体が作り直されていました。広大な敷地に、ジープに乗り武器を持つ市民を象ったモニュメントが建てられ、明るい印象になっていました。しかし、そこでは軍隊が民主化を求める市民や学生を撃ち殺しているビデオが流されていました。軍隊が銃を向けるのは、敵ではなく自国の民衆だという衝撃と、韓国の民主化が民衆の血によって勝ち取られたものであること、今日、「光州事件」が民主主義を勝ち取るための市民の闘いだったと韓国社会において位置づけられていることを感じた瞬間でした。

韓国の民主化の過程で『ハンギョレ新聞』が果たした役割は、我が国において人権と民主主義を確立していく上での大きな教訓となります。軍事独裁政権への反対を掲げ、民主化を求めてキャンペーンをはった新聞に対して、政府は企業に圧力をかけ新聞への広告掲載を差し止めました。広告欄白紙で一カ月発行しつづけた新聞社の抵抗も潰え、ついにキャンペーンに関わった新聞記者は全員解雇されます。しかし解雇された記者たちは、解雇撤回の訴訟を提起しただけではなく、市民が出資する市民立のメディア『ハンギョレ新聞』を立ち上げたのです。

韓国の民主化では、この市民メディアの力が非常に大きかったと評価されています。我が国に必要なのは、自由に権力批判のできる市民メディアなのではないでしょうか。韓国の民主化の闘いの経験は、大きな教訓と示唆を与えてくれると思います。

「まえがき」にもあるように、共著者の近藤さんの突然の入院により、最後は、私と出版社の責任で校正を行いました。時間のない中で完成に向けて大変なご苦労をおかけした風媒社の劉永昇氏には大変感謝しています。

中谷雄二

■参考文献

1　上田誠吉・坂本修編『国家機密法のすべて』（青木書店）
2　上田誠吉『戦争と国家秘密法』（イクオリティ）
3　上田誠吉『国家秘密法の爪痕　ある北大生の受難』（朝日新聞社）
4　上田誠吉『人間の絆を求めて―国家秘密法の周辺』（花伝社）
5　徐俊植『自生への情熱―韓国の政治囚から人権運動家へ』（影書房）
6　韓洪九『韓洪九の韓国現代史　韓国とはどういう国か』（平凡社）
7　韓洪九『韓洪九の韓国現代史Ⅱ　負の歴史から何を学ぶか』（平凡社）
8　徐京植『新しい普遍性へ　徐京植対話集』（影書房）
9　堤未果『政府は必ず嘘をつく―アメリカの「失われた10年」が私達に警告すること』（角川SSC新書）
10　森英樹他編著『3.11と憲法』（日本評論社）
11　高田昌幸・神保哲生・青木理『メディアの罠』（産学社）
12　田島泰彦・斎藤貴男編『超監視社会と自由』（花伝社）
13　日隅一雄『主権者は誰か―原発事故から考える』（岩波ブックレット）
14　日隅一雄『マスコミはなぜ「マスゴミ」と呼ばれるのか』（現代人文社）
15　宮崎学他『あえて暴力団排除に反対する』（同時代社）
16　森英樹編『現代憲法における安全』（日本評論社）
17　岡本篤尚『国家秘密と情報公開』（法律文化社）
18　岡本篤尚『“9・11”の衝撃《インパクト》とアメリカの「対テロ戦争」法制―予防と監視』（神戸学院大学法学研究叢書、法律文化社）
19　田村重信他『日本の防衛法制』（内外出版社）
20　生田勝義『人間の安全と刑法』（法律文化社）
21　ナオミ・クライン『ショック・ドクトリン』（岩波書店）
22　浜崎豊子『花　風にひらく』（愛知書房）

中谷　雄二（弁護士・名古屋共同法律事務所）
近藤ゆり子（徳山ダム建設中止を求める会事務局長）

装幀●夫馬デザイン事務所

これでわかる!「秘密保全法」ほんとうのヒミツ

2012年 8 月20日　第1刷発行　　（定価は表紙に表示してあります）
2013年10月30日　第2刷発行

著　者　　中谷　雄二
　　　　　近藤ゆり子

発行者　　山口　章

発行所　名古屋市中区上前津 2-9-14　久野ビル
　　　　振替 00880-5-5616 電話 052-331-0008　風媒社
　　　　http://www.fubaisha.com/

乱丁・落丁本はお取り替えいたします。　＊印刷・製本／安藤印刷
ISBN978-4-8331-1099-0